VIRGINY L.SAM

L'ALBUM DE TA NAISSANCE

Albin Michel

DOUDOU Compagnie Paris

AU COMMENCEMENT, IL Y EUT…
UNE RENCONTRE !

Un beau jour (ou peut-être une nuit), nous, tes parents, nous sommes vus pour la première fois.
Personne ne nous avait prévenus, mais, ce jour-là, nous n'étions pas seuls : Cupidon traînait dans les parages…

Cette belle rencontre
a eu lieu le .... (DATE)

- [ ] dans la rue
- [ ] à l'école
- [ ] au boulot
- [ ] chez des amis
- [ ] sur Internet
- [ ] au rayon lessive d'un supermarché
- [ ] à l'autre bout du monde
- [ ] ....

MAMAN AVAIT .... ANS

PAPA AVAIT .... ANS

ON S'EST AIMÉ

☐ Avant même de se voir

☐ Au premier regard

☐ Dès le premier rendez-vous

☐ Au bout d'un certain temps

☐ Bien longtemps après notre rencontre

☐ C'est top secret !

☐ ....

LA PETITE GRAINE
DE TOI

Et puis s'est enfin produit l'instant T !
L'instant décisif, le moment où tout s'est joué,
le jour où tout a basculé,
le jour où tout a commencé…

D'après notre estimation, tu as été conçu(e)

- ☐ à la maison, sous la couette
- ☐ sur une plage, en plein vent
- ☐ dans un endroit inavouable
- ☐ dans une clinique
- ☐ désolé, mais géolocalisation impossible !
- ☐ ………………………………………………

CÔTÉ TIMING

☐

Tu as été ultra réactif(ve) :
aussitôt désiré(e), aussitôt là !

☐

Prévu(e) de longue date,
tu t'es sacrément fait(e) attendre :
pas pressé(e) du tout !

☐

Tu t'es pointé(e) à l'improviste,
sans crier gare : « SURPRISE ! »

RÉACTIONS À CHAUD

Impossible de savoir à l'avance comment on allait réagir à l'annonce d'un tel bouleversement dans nos vies. Aurions-nous droit seulement à quelques turbulences, ou carrément à un tsunami intérieur façon chamboule-tout des émotions ?

Quand papa a appris qu'il allait être père,
IL S'EST DIT :

- ☐ Génial !
- ☐ Enfin !
- ☐ Déjà ?
- ☐ Courage, fuyons !
- ☐ Vite, je vais lui ouvrir un livret A !
- ☐ Rien (VU QU'IL S'EST ÉVANOUI).
- ☐ ....

Quand maman a appris qu'elle était enceinte, **ELLE S'EST DIT :**

- ☐ Génial !
- ☐ Enfin !
- ☐ Déjà ?
- ☐ Maman, j'ai peur !
- ☐ La vie est merveilleuse.
- ☐ Oh non ! je vais devoir arrêter les apéros !
- ☐ ....

La réaction la plus inattendue
que l'on a eue à l'annonce
de ton arrivée prochaine a été celle de

....

qui a déclaré

....

....

....

UN SI BEL ARBRE FRUITIER !

Au cœur d'un magnifique arbre, il y a un petit fruit encore en fleur : toi. Et, pour veiller sur toi, de beaux fruits juteux et bien mûrs sans qui tu n'aurais pu voir le jour : tes aînés. Bienvenue dans ton arbre généalogique !

TON GRAND-PÈRE

TA GRAND-MÈRE

PAPA

TON GRAND-PÈRE

TA GRAND-MÈRE

TOI

PAPA

TA FAMILLE
ET BIEN PLUS ENCORE

Il n'y avait pas que les fruits juteux de ton arbre
qui trépignaient d'impatience à l'idée de ta venue.
Il y avait aussi tout ce petit monde-là…

TES FRÈRES

....
....
....
....

TES SŒURS

....
....
....
....

TON PARRAIN

....
....

TA MARRAINE

....
....

les copines de maman :

....

....

....

les potes de papa :

....

....

....

et même quelques spécimens du monde animal !

☐ chat

☐ chien

☐ poisson rouge

☐ cheval

☐ perruche

☐ tortue

☐ rhinocéros

☐ ....

PETITE NANA
OU PETIT MEC ?

« Ventre pointu, garçon en vue ! »
« Nausées matinales ? Cherche pas, c'est une fille ! »

Dès que maman a été enceinte,
les pronostics sur ton sexe sont allés bon train.
Tout le monde avait son avis et ne se privait pas de le partager.
Ce ne serait pas étonnant
que certains aient même fait des paris…
« Dix contre un que c'est un p'tit mec ! »

Ceux qui étaient sûrs à 100 % que

TU SERAIS UN GARÇON :

....
....
....
....

Ceux qui croyaient dur comme fer

QUE TU SERAIS UNE FILLE :

....

....

....

....

QUANT À NOUS :

☐

Trop curieux, on a voulu savoir dès que possible !
Et, aussitôt après l'échographie,
la terre entière était au courant.

☐

Trop curieux, on a voulu savoir dès que possible !
Mais on a tenu à garder le secret
pour nous jusqu'à ta naissance.

☐

Comme on adore les surprises,
on a choisi d'attendre patiemment
ta naissance pour savoir.

CET EFFET QUE TU NOUS FAISAIS !

Tu n'étais pas plus gros qu'un flageolet
au fond du ventre de maman que tu avais déjà
des superpouvoirs.
Comme celui de donner vraiment
de drôles d'envies à maman…

ENVIES ALIMENTAIRES INÉDITES :

- ☐ fraises
- ☐ cornichons
- ☐ viande rouge
- ☐ choucroute
- ☐ craie (OUI, ÇA ARRIVE EN CAS DE MANQUE DE FER !)
- ☐ ....
- ☐ ....

AUTRES ENVIES SURPRENANTES :

- ☐ repeindre le salon
- ☐ se mettre au crochet
- ☐ démarrer un potager sur le balcon
- ☐ ....
- ☐ ....
- ☐ ....

MÊME PAPA A FAIT DES CHOSES QU'IL N'AVAIT JAMAIS ENTREPRISES AVANT :

- ☐ masser les pieds gonflés de maman pendant des heures
- ☐ arrêter de fumer
- ☐ s'émerveiller devant des chaussettes taille 14
- ☐ ....
- ☐ ....
- ☐ ....

TA SUPER PREMIÈRE MAISON, LE VENTRE DE MAMAN

Eh oui, tu as eu cette chance incommensurable de passer des mois dans l'endroit le plus cocooning du monde : le ventre de maman.

Privatisé rien que pour toi, il y faisait chaud, tu t'y nourrissais gratos et tu barbotais du matin au soir. Bref, tu as passé neuf mois dans un genre de spa ultraluxe !

LA PREMIÈRE FOIS QUE MAMAN T'A SENTI(E) BOUGER, ELLE A

- ☐ aussitôt prévenu papa
- ☐ pleuré d'émotion
- ☐ eu peur que tu aies décidé de sortir tout de suite
- ☐ cru que c'était des petites bulles

DANS SON VENTRE, TU ÉTAIS PLUTÔT DU GENRE

- ☐ marmotte en hibernation : pas très remuant(e)
- ☐ mini-footballeur(se) : pro du coup de pied

TON MOMENT PRÉFÉRÉ DE LA JOURNÉE POUR FAIRE LA FIESTA :

- ☐ le matin au réveil
- ☐ quand maman prenait son bain
- ☐ le soir au coucher
- ☐ au beau milieu de la nuit
- ☐ tout le temps ; tu ne tenais pas en place !
- ☐ à n'importe quel moment du jour et de la nuit : 100 % imprévisible !
- ☐ ....

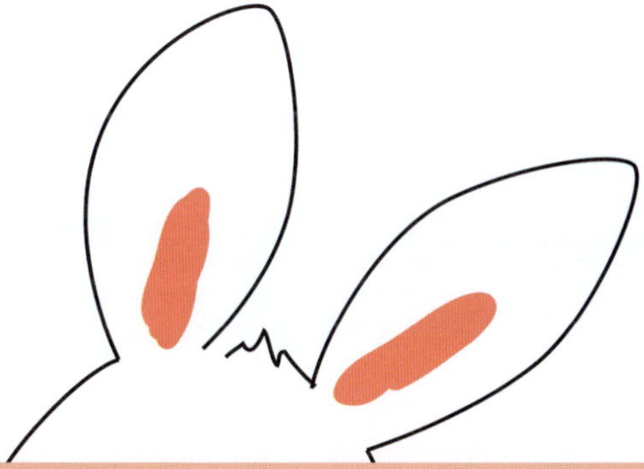

MISSION PRÉNOM

Un prénom, c'est pour la vie. Alors pas question de nous planter. C'est pourquoi on a fait simple : on t'a choisi le prénom le plus magnifique qui soit !

....

TE TROUVER UN PRÉNOM A ÉTÉ

- ☐ fastoche : une évidence !
- ☐ le fruit de longues soirées de brainstorming.
- ☐ matière à beaucoup de négociations, voire à quelques disputes…
- ☐ le résultat de semaines de perdition dans des livres et sur des sites spécialisés à envisager un à un tous les prénoms du monde.

LES AUTRES PRÉNOMS EN LICE POUR LA VICTOIRE :

……………………………

……………………………

……………………………

LES PRÉNOMS AUXQUELS TU AS ÉCHAPPÉ

(CAR, OUI, IL NOUS EST PARFOIS ARRIVÉ D'AVOIR DES IDÉES, DISONS… ORIGINALES) !

……………………………

……………………………

……………………………

ENFIN, TU ES LÀ !

Il se passe quotidiennement des tas de choses dingues sur terre.
Mais, en toute objectivité, rien qui n'arrive à la cheville de ta naissance !

Tel(le) une météorite dans le ciel de nos vies,

TU AS DÉBOULÉ

LE

....

(DATE)

À

........H........MIN.

C'ÉTAIT UN

- [ ] lundi
- [ ] mardi
- [ ] mercredi
- [ ] jeudi
- [ ] vendredi
- [ ] samedi
- [ ] dimanche

CÔTÉ MÉTÉO, LE TEMPS ÉTAIT

- [ ] frisquet
- [ ] caniculaire
- [ ] glacial
- [ ] neigeux
- [ ] pluvieux
- [ ] venteux
- [ ] ensoleillé
- [ ] nuageux
- [ ] orageux
- [ ] doux

D'APRÈS L'ASTROLOGIE TRADITIONNELLE,

nous étions sous le signe du/de la/des

....

ET D'APRÈS L'ASTROLOGIE CHINOISE SOUS CELUI DU/DE LA

....

UN JOUR PAS COMME LES AUTRES

Ce jour-là, dans le monde, il s'est produit quelques évènements importants. Franchement secondaires comparés à ta naissance, bien sûr, mais tout de même notables !

SOCIÉTÉ

. . . .

. . . .

. . . .

. . . .

. . . .

. . . .

INTERNATIONAL

. . . .

. . . .

. . . .

. . . .

. . . .

. . . .

CULTURE

SPORTS

FAITS DIVERS

« FUN FACT » DU JOUR

NOTRE BÉBÉ D'AMOUR

Tu avais à peine pointé le bout de ton nez
que l'on était déjà raide dingue de toi. Inutile de préciser
que tu étais le bébé le plus canon du monde !

TA TAILLE : ....

TON POIDS : ....

TES CHEVEUX :

- ☐ blonds
- ☐ roux
- ☐ châtains
- ☐ bruns
- ☐ noirs
- ☐ bouclés
- ☐ raides
- ☐ crépus
- ☐ ébouriffés
- ☐ quels cheveux ?

TES PREMIERS CRIS ONT RÉVÉLÉ UNE VOIX

- [ ] digne d'un gagnant de « The Voice »
- [ ] douce comme le miel
- [ ] aussi puissante qu'une alarme incendie
- [ ] ....

AU PREMIER REGARD
PAPA T'A TROUVÉ(E) / MAMAN T'A TROUVÉ(E)

- [ ] magnifique
- [ ] minuscule
- [ ] bizarre
- [ ] moche
- [ ] trop chou
- [ ] tordu(e)
- [ ] flippant(e)
- [ ] ....

- [ ] magnifique
- [ ] minuscule
- [ ] bizarre
- [ ] moche
- [ ] trop chou
- [ ] tordu(e)
- [ ] flippant(e)
- [ ] ....

TES PREMIÈRES HEURES

Juste après ta naissance et une petite toilette bien méritée, on t'a enfilé ton tout premier costard,

UN PYJAMA DE COULEUR

....

QUI AVAIT ÉTÉ CHOISI AVEC AMOUR PAR

....

IL ÉTAIT

- ☐ sobrement uni
- ☐ tout plein de motifs ....
- ☐ porteur du charmant message « .... »

LE PREMIER PETIT POTE

qu'on a placé dans ton berceau
pour te tenir compagnie a été

....

LORS DE TES PREMIÈRES TÉTÉES (OU BIBERONS) TU T'ES RÉVÉLÉ(E) ÊTRE

- ☐ un incroyable glouton
- ☐ un fin gourmet à l'appétit d'oiseau

TON PREMIER BAIN T'A ÉTÉ DONNÉ PAR

....

TU AS

- ☐ un peu pleuré
- ☐ immédiatement adoré ça !
- ☐ aussitôt commandé des palmes
et un tuba pour ton premier Noël.

COCKTAIL DÉTONNANT

Ton arrivée a mis un bazar assez indescriptible dans nos têtes. Tu vois un cocktail multifruit ? Eh bien pareil, mais avec des sentiments !

JOIE INQUIÉTUDE FIERTÉ

TRAC EXTASE

CURIOSITÉ EXCITATION FATIGUE

APAISEMENT ÉMERVEILLEMENT

EUPHORIE FLIP TOTAL ! ....

....

LES SENTIMENTS DOMINANTS DE PAPA SONT ENTOURÉS EN ROUGE ET CEUX DE MAMAN EN VERT.

Alors que toi, finalement, tu étais globalement zen...
lové(e) la grande majorité du temps
dans les doux bras de Morphée. Zzzzz !

OYEZ !
OYEZ !

Une nouvelle de l'ampleur de ta naissance, on ne sait pas toujours comment l'annoncer sans avoir l'air d'en faire trop.

Donc, en attendant de confectionner de beaux faire-part et d'inonder (ou pas) les réseaux sociaux de photos de toi,

VOILÀ LE MESSAGE QUE L'ON A ENVOYÉ À TOUT LE MONDE :

....

....

....

....

....

....

Comme tu peux le constater,
on a su rester sobre.
Parce qu'en réalité, voilà ce que l'on aurait vraiment eu envie de faire
pour partager notre joie :

☐ Interrompre les programmes télévisés du monde entier pour balancer un flash spécial

☐ Tirer un feu d'artifice depuis la tour Eiffel

☐ Décréter un jour de congé national

☐ Arpenter les rues avec un mégaphone

☐ Publier une photo de toi à la une de tous les quotidiens du lendemain

☐ ....
....

BIENVENUE À LA MAISON !

Une personne de plus à la maison, quelle aventure excitante !

Pour que tu te sentes bien, on avait aménagé un petit coin douillet tout spécialement pour toi. Ce petit cocon, nous l'avons décoré dans les tons :

....

UN TAS DE BELLES CHOSES T'ATTENDAIENT DANS LA CHAMBRE OÙ TU ALLAIS DORMIR :

- ☐ ton frère
- ☐ ta sœur
- ☐ un lit tout petit
- ☐ un joli tapis
- ☐ une commode bien commode
- ☐ une table à langer stylée
- ☐ une table à langer improvisée
- ☐ une guirlande lumineuse radieuse

- [ ] un super poster
- [ ] des photos de ……………..……………..
- [ ] des jouets plus qu'il n'en faudrait
- [ ] des cartons, vestiges de notre emménagement récent
- [ ] ……………………………………………
- [ ] ……………………………………………
- [ ] ……………………………………………
- [ ] ……………………………………………

COMME UN AIR DE FAMILLE

Tu ne comprenais pas tout ce qui se disait autour de toi à l'époque, et heureusement ! Parce que tu en as entendu de belles. Eh oui, concernant les airs de famille, il y a toujours débat !

« C'est le portrait craché de Marie-Claudette…
quand elle était encore vivante, bien sûr. »
« Pour moi, c'est tout Roger ! »
« On dirait une tortue Ninja. »

Voilà la vérité vraie sur tes ressemblances.
Tu avais clairement

LE NEZ DE

…………………………………………………

LA FORME DE VISAGE DE

…………………………………………………

LES YEUX DE

…………………………………………………

LA BOUCHE DE

....

LE MENTON DE

....

LES OREILLES DE

....

LES MAINS DE

....

L'IMPLANTATION DE CHEVEUX DE

....

Mais surtout, pour le plus grand bonheur de ton miroir,
tu n'as pas hérité du/de la/des

....

de

.... !

OUF !

Car, oui, l'héritage familial,
ce n'est pas toujours la joie…

DES CADEAUX DE NAISSANCE EN PAGAILLE

Une armada de doudous, une montagne de joujoux,
des mini-fringues pour tout un régiment,
un protège-carnet de santé cousu main
ou un body « Je m'en bats les couches ! »…

☐ TU N'AS PAS ÉTÉ GÂTÉ(E)

☐ TU AS ÉTÉ SURGÂTÉ(E) !

PALMARÈS DU FESTIVAL DE CADEAUX DE NAISSANCE QUE TU AS REÇUS

★★★

Prix du cadeau le plus mignon décerné à

.................................,

offert par

....

Prix du cadeau le plus utile décerné à

.................................,

offert par

....

Prix du cadeau le plus drôle décerné à

.................................,

offert par

....

Prix du cadeau le plus original décerné à

.................................,

offert par

....

Prix du cadeau le plus précieux décerné à

.................................,

offert par

....

Prix du cadeau le plus nul
(mais que l'on aime bien quand même,
vu que c'est l'intention qui compte)
décerné à

.................................,

offert par

....

DODO
L'ENFANT DO...

TU AS FAIT TA PREMIÈRE NUIT COMPLÈTE À ....SEMAINES.

Ce fut un jour important pour toi, mais pour nous aussi. Enfin de vraies nuits de sommeil en perspective !

TES INSÉPARABLES COMPAGNONS DE SOMMEIL :

- ☐ doudou
- ☐ peluche
- ☐ pouce
- ☐ tétine
- ☐ veilleuse
- ☐ boîte à musique
- ☐ gigoteuse
- ☐ matelas anti-reflux
- ☐ ....
- ☐ ....

L'ENDROIT OÙ TU PRÉFÉRAIS DORMIR :

- ☐ dans ton lit
- ☐ dans notre lit
- ☐ sur le tapis du salon
- ☐ sur les lolos de maman
- ☐ sur le bidou de papa
- ☐ ....
- ☐ ....

LES TRUCS QUI SE SONT AVÉRÉS IMPARABLES POUR T'ENDORMIR :

- ☐ les bras
- ☐ une balade en landau
- ☐ un tour de voiture
- ☐ le ronron de l'aspirateur
- ☐ une overdose de lait
- ☐ des gratouillis dans le dos
- ☐ une berceuse
- ☐ le Boléro de Ravel
- ☐ un album de Bruce Springsteen
- ☐ rien : on te déposait dans ton lit et tu sombrais aussitôt !
- ☐ ....
- ☐ ....

TES PETITS SURNOMS MIGNONS

Autant pour le choix de ton prénom,
on a été à fond sur le coup,
autant concernant les petits surnoms
que les uns et les autres t'ont donnés,
on n'a rien géré du tout !

MAMAN T'APPELAIT SOUVENT

....

OU

....

ET PAPA

....

OU

....

MAIS CE N'EST PAS TOUT !

Tu as eu droit
à une véritable farandole de petits noms :

- ☐ P'tit chat
- ☐ Mini-meuh
- ☐ Trésor
- ☐ Zouzou
- ☐ Pounette
- ☐ Canaillou
- ☐ Junior
- ☐ Mamour
- ☐ P'tit cœur
- ☐ Minouche
- ☐ Crapule
- ☐ Baby chou
- ☐ ....
- ☐ Mon loup
- ☐ Louloute
- ☐ Piou-piou
- ☐ ....
- ☐ Mimi
- ☐ ....

LA PALME DU SURNOM LE PLUS ORIGINAL QUI T'AIT ÉTÉ ATTRIBUÉ REVIENT À

....

sobriquet tout droit sorti du cerveau fantasque de

....

À TABLE !

Des monodiètes aux chocs gustatifs, cette page va tout te dire sur ton initiation aux choses de la gastronomie. Bon, le terme « gastronomie » est peut-être un peu fort, mais disons au moins sur l'éveil de ton palais et de tes papilles.

LES PREMIERS MOIS, TU AS ÉTÉ NOURRI(E)

- ☐ au sein
- ☐ au biberon

LE PREMIER ALIMENT

autre que le lait que tu as goûté a été

. . . .

Tu avais . . . . mois, et ta réaction a été

- ☐ grosse régalade ! Feux d'artifice dans les yeux
- ☐ grimace de dégoût
- ☐ air béat de surprise
- ☐ hurlements de contestation du genre « Rendez-moi mon lait ! »
- ☐ . . . .

PUIS TRÈS VITE TES GOÛTS SE SONT AFFIRMÉS.

Tu te serais damné(e) pour une cuillérée de

. . . .

PAR CONTRE, IMPOSSIBLE DE TE FAIRE AVALER LE MOINDRE GRAMME DE

....

Pour te donner une idée plus précise,
on a placé quelques aliments sur ton échelle du kiff.

NOTE DE 0 À 10

(MIAM !)

.... Carotte
.... Pomme de terre
.... Épinard
.... Banane
.... Poire
.... Viande
.... Fromage
.... Poisson
.... Pain
.... Jus de fruits
.... Œuf
.... Boudoir
....
....

(BEURK !)

TOUT UN MONDE À EXPLORER

Pour découvrir le monde, rien de mieux que de faire appel à ses sens. Tu as touché à tout (four encore chaud, peinture fraîche…), tiré sur tout (nappe, fil de lampe, rideau, queue du chat…), mais, surtout, tu as tout porté à la bouche !

Car, oui, il y a un paquet de choses qui ne se mangent pas, mais que tu as pourtant un jour décidé de goûter !

- ☐ tes pieds
- ☐ des moutons de poussière
- ☐ la litière du chat
- ☐ la terre du ficus
- ☐ un insecte

☐ la télécommande

☐ un papier super important, type feuille d'impôts

☐ le pommeau de douche

☐ la serpillière

☐ une vieille chips échouée sous le canapé depuis deux siècles

☐ ....

☐ ....

☐ ....

☐ ....

EN ROUTE POUR LA BALADE !

Impossible de comptabiliser le nombre de balades que l'on a faites ! Sortir de notre chez-nous pour te confronter au monde extérieur et te faire respirer son air, c'était le kiff, pour toi comme pour nous.

TES MODES DE TRANSPORT DE PRÉDILECTION :

- [ ] porte-bébé
- [ ] poussette
- [ ] landau
- [ ] remorque à vélo
- [ ] voiture
- [ ] poney
- [ ] ....

TES DESTINATIONS DE PROMENADE PRÉFÉRÉES :

- [ ] au parc
- [ ] en forêt
- [ ] le long de la mer
- [ ] en ville
- [ ] au supermarché
- [ ] ....

AU PARC, VOILÀ CE QUE TU ADORAIS :

- [ ] faire de la balançoire-nacelle
- [ ] tirer les cheveux des autres enfants
- [ ] essayer de te sauver
- [ ] dénicher les crottes de chien dans le bac à sable
- [ ] regarder les autres s'amuser
- [ ] ....
- [ ] ....

CE QUE, NOUS, ON PRÉFÉRAIT :

- [ ] papoter avec les autres parents
- [ ] te regarder t'épanouir en tirant les cheveux des autres enfants
- [ ] bouquiner
- [ ] rien : on y allait uniquement pour te faire plaisir
- [ ] ....
- [ ] ....

PREMIÈRE SÉPARATION

Couper le cordon ! Ce n'est pas parce que cela a été fait à la naissance que l'idée a été totalement intégrée par les uns et les autres. Car, quand vient l'heure de la première séparation, ça n'est facile pour personne.

LA PREMIÈRE FOIS QUE NOUS T'AVONS CONFIÉ(E) À QUELQU'UN, C'ÉTAIT À :

- ☐ mamie et/ou papi
- ☐ ta nourrice
- ☐ la crèche
- ☐ un(e) baby-sitter
- ☐ la gardienne
- ☐ ....
- ☐ ....

TA RÉACTION :

- ☐ ça ne t'a fait ni chaud ni froid
- ☐ tu as à peine chouiné
- ☐ tu as pleuré des heures
- ☐ tu t'es mis(e) à hurler comme si on t'arrachait les deux bras
- ☐ ....

NOTRE RÉACTION :

- ☐ ça ne nous a fait ni chaud ni froid
- ☐ on n'en a pas dormi
- ☐ on a pleuré des heures
- ☐ on n'a jamais été aussi inquiets de toute notre vie
- ☐ on a ouvert le champagne pour fêter ça !
- ☐ ....

DES DATES
QUI COMPTENT

T'observer grandir a été une formidable expérience pour nous. Quel incroyable héros tu as été ! Chaque jour, tu faisais de nouveaux progrès.

Voilà quelques-unes de tes premières fois qui méritent d'être immortalisées.

PREMIER SOURIRE

Âge : ....

L'heureux(se) élu(e) : ....

ASSIS(E) POUR LA PREMIÈRE FOIS

Âge : ....

Lieu de l'exploit : ....

PREMIÈRE DENT

Âge : ....

Celle-ci : ....

PREMIER COUCOU DE LA MAIN

Âge : ....

L'heureux(se) élu(e) : ....

PREMIER VRAI ÉCLAT DE RIRE

Âge : ....

Le motif de cette hilarité : ....

PREMIÈRE DANSE

Âge : ....

Sur cette musique : ....

PREMIER BOBO

Âge : ....

Le contexte du drame : ....

PREMIER CAPRICE

Âge : ....

L'objet du délit : ....

EN AVANT, MARCHE !

Avant de décrocher ton permis tricycle,
pour te déplacer,
tu as dû faire avec les moyens du bord...

ET FRANCHEMENT,
TU AS ASSURÉ COMME UN CHEF !

- [ ] Tu rampais sur le ventre en mode limace.

- [ ] Tu te traînais à l'incroyable force de tes bras.

- [ ] Tu roulais...
du dos sur le ventre, puis du ventre sur le dos.

- [ ] Tu te glissais sur les fesses.
Technique étrange mais parfaitement maîtrisée !

- [ ] Tu étais le roi (la reine) du quatre-pattes.

☐

Un peu flemmard(e), tu te débrouillais toujours
pour que quelqu'un te porte…

....

PUIS LE MIRACLE DES PREMIERS PAS S'EST ENFIN PRODUIT !

(En toute objectivité, à côté, le premier pas sur la Lune, c'était de la gnognotte !)

TU AVAIS

.... mois.

C'ÉTAIT

....

(LIEU DE L'EXPLOIT)

ET EN PRÉSENCE DE

....

....

PREMIÈRES VACANCES

Poussette, lit-parapluie, biberons, bavoirs, couches, doudous, babyphone, transat de bain et autres accessoires indispensables, le premier départ en vacances avec toi ressemblait plus à un déménagement qu'à une promenade de santé. Mais cette escapade, quel souvenir !

POUR TES PREMIÈRES VACANCES, NOUS SOMMES ALLÉS

- ☐ au bord de la mer, goûter la grande bleue
- ☐ à la campagne, narguer les papillons
- ☐ à la montagne, tutoyer les sommets
- ☐ ....

ÉTAIENT PRÉSENTS

- ☐ tes grands-parents
- ☐ tes oncles et tantes
- ☐ tes cousins, cousines
- ☐ des amis proches
- ☐ juste nous !
- ☐ ....

PENDANT LE SÉJOUR,

tu as découvert plein de nouvelles choses
vraiment très excitantes,

MAIS TU AS ÉTÉ TOUT PARTICULIÈREMENT FASCINÉ(E) PAR

- ☐ le sable
- ☐ les vagues
- ☐ le parasol
- ☐ la neige
- ☐ la luge
- ☐ les vaches
- ☐ les papillons
- ☐ le tube de crème solaire qui ressemble trop à un biberon
- ☐ les tongs de maman
- ☐ tes lunettes de soleil
- ☐ le barbecue
- ☐ les cornets de glace de tes frères et sœurs
- ☐ ....
- ☐ ....
- ☐ ....
- ☐ ....

TON PREMIER NOËL

Un sapin aux mille couleurs, Mariah Carey et son « All I Want for Chrismas Is You », un réveillon avec petit pot au goût dinde aux marrons et un yaourt au parfum bûche ; à ton premier Noël, on a mis le paquet pour te mettre des étoiles plein les yeux !

Dans sa grande distribution de jouets par milliers, le Père Noël n'a pas oublié ton petit soulier.

VOICI TOUS LES CADEAUX QU'IL Y AVAIT SOUS LE SAPIN RIEN QUE POUR TOI :

....

....

....

....

↖ CELUI QUI A EU LE PLUS DE SUCCÈS.

....

CELUI QUE TU N'AS MÊME PAS CALCULÉ. ↗

TOUTES CES OCCUPATIONS GÉNIALES QUE TU AS DÉCOUVERTES À NOËL :

- [ ] tirer sur les branches du sapin
- [ ] arracher les boules du sapin
- [ ] te laisser hypnotiser par une guirlande lumineuse
- [ ] jouer avec les papiers cadeaux plutôt qu'avec les cadeaux
- [ ] te dandiner sur des chants de Noël
- [ ] ....
- [ ] ....
- [ ] ....

ET UNE BOUGIE
SUR LE GÂTEAU, UNE !

Tu es devenu(e) tellement essentiel(le) à nos vies
qu'il était difficile pour nous de croire
qu'un an auparavant tu n'existais pas encore.

BREF, UN PREMIER ANNIVERSAIRE
ÇA SE FÊTE DIGNEMENT,
ET C'EST CE QUE NOUS AVONS FAIT !

Nous avons organisé

- [ ] une petite fête
- [ ] une méga fiesta
- [ ] un goûter
- [ ] un brunch
- [ ] un banquet
- [ ] ....

Étaient conviés

- [ ] ....
- [ ] ....
- [ ] ....

TON GÂTEAU D'ANNIVERSAIRE RESSEMBLAIT À ÇA :

- [ ] une tartelette
- [ ] un gâteau en forme de 1
- [ ] un gâteau à étages
- [ ] une pièce montée
- [ ] ....

ET C'EST

....

QUI EN A MANGÉ LE PLUS !

ATTENTION, AVEU !

On t'a laissé croire que tu avais réussi
à souffler ta bougie tout(e) seul(e).
Mais en réalité,

....

t'a largement aidé(e).

ET, UNE FOIS DE PLUS, TU AS ÉTÉ GÂTÉ(E) :

- [ ] livre
- [ ] peluche
- [ ] poupée
- [ ] puzzle premier âge
- [ ] disque de comptines
- [ ] jouets de bain
- [ ] ....
- [ ] ....
- [ ] ....
- [ ] ....
- [ ] ....
- [ ] ....

BLA BLA BLA !

De tes premiers babillages à tes premiers vrais mots,
il y a eu une période trouble pendant laquelle
on ne comprenait pas tout ce que tu racontais.
À certains moments, on se demandait même
si tu ne communiquais pas dans un dialecte extraterrestre.

TON PETIT DICO PERSO

LE PREMIER MOT QUE TU AS DIT :

....

LES DRÔLES DE NOMS
que tu donnais à ton entourage :

....

....

....

....

CE MOT QUE TU AS SOUVENT RÉPÉTÉ,
mais dont la signification restera
à jamais un mystère :

....

LE PREMIER MOT
QUE TU AS PARFAITEMENT PRONONCÉ :

....

....

LE PREMIER GROS MOT
QUE TU AS RÉPÉTÉ :

....

....

CES MOTS QUE TU DÉFORMAIS
SYSTÉMATIQUEMENT :

....

....

....

....

....

....

....

....

LE COIN DES ANECDOTES

TES INDISPENSABLES

L'HISTOIRE
que tu réclamais sans cesse :

....

....

TON JOUET PRÉFÉRÉ :

....

TON DESSIN ANIMÉ FAVORI :

....

....

QUELQUES PETITES MANIES
bien à toi :

....

....

....

....

CETTE FOIS

où tu nous as fait mourir de rire :

....

....

....

....

CETTE GROSSE PEUR

que tu nous as faite !

....

....

....

....

CE JOUR

où tu nous as fait si honte !

....

....

....

....

CETTE MÉGA GROSSE BÊTISE

que tu as faite sans t'en rendre compte :

....

....

....

....

....

....

Illustrations et éléments graphiques : Doudou et Compagnie sauf les banderoles, les fanions et les bulles de Shutterstock.com : @ Marish ; @ kantimar kongjaidee
Conception graphique et mise en pages : Claire Morel Fatio

Éditions Albin Michel
22, rue Huyghens, 75014 Paris
www.albin-michel.fr

ISBN : 978-2-226-47887-0
N° d'édition : 25210/01
Dépôt légal : octobre 2023
Imprimé en Chine par Toppan Leefung en août 2023.

MON PREMIER

SOURIRE

JE FAIS MES PREMIERS PAS !

J'AI CHOISI

MON DOUDOU

J'AI MA

PREMIÈRE DENT

ME VOICI

DEBOUT

pour la première fois !

JE FAIS

BRAVO

pour la première fois

MON PREMIER

BISOU

JE ME TIENS

ASSIS(E)

pour la première fois

AUJOURD'HUI

J'AI

2

ANS

AUJOURD'HUI J'AI

18

MOIS

AUJOURD'HUI J'AI

1 AN

AUJOURD'HUI

J'AI

11

MOIS

AUJOURD'HUI

J'AI

10

MOIS

AUJOURD'HUI
J'AI

MOIS

AUJOURD'HUI

J'AI

8

MOIS

AUJOURD'HUI

J'AI

7

MOIS

AUJOURD'HUI

J'AI

6

MOIS

AUJOURD'HUI
J'AI
5
MOIS

AUJOURD'HUI

J'AI

4

MOIS

AUJOURD'HUI
J'AI

3

MOIS

AUJOURD'HUI

J'AI

2

MOIS

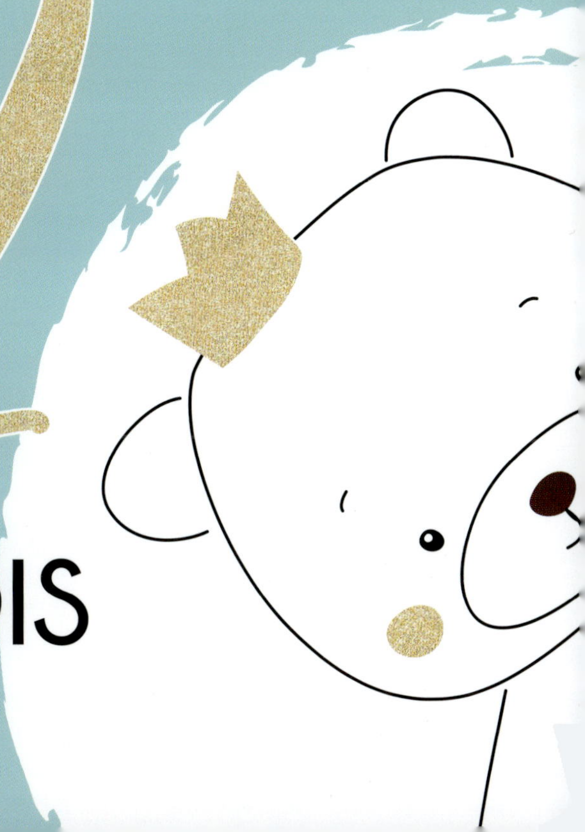

AUJOURD'HUI

J'AI

1 MOIS

AUJOURD'HUI

J'AI

2

SEMAINES

AUJOURD'HUI J'AI

1 SEMAINE